AF566114

Astrid Schäfer

Das bairische FLUCH-BUCH

Das bairische FLUCH BUCH

Schimpfworte und Drohungen
gesammelt und
zur Anwendung freigegeben
von Astrid Schäfer

BAYERLAND

Unser gesamtes lieferbares Programm und Informationen
über Neuerscheinungen finden Sie unter www.bayerland.de

Verlag und Gesamtherstellung:
Druckerei und Verlagsanstalt »Bayerland« GmbH
85221 Dachau, Konrad-Adenauer-Straße 19

Printed in Germany · ISBN 978-3-89251-509-8

Inhalt

Luja, sog i oder: Leitfaden zum Fluchen

Warum flucht man? Man flucht, weil ein Mensch, ein Tier oder eine Sache einen Zustand der Erregung, des Ärgers bei einem ausgelöst hat. Durch die Beschimpfung gelingt es uns, diesen Erregungszustand abzubauen. Dabei ist es gleichgültig, ob das Ziel unserer Beschimpfung anwesend ist oder abwesend – und wir in einem solchen Fall nur allein vor uns hinschimpfen oder vor einem Dritten. Sogar mit sich selbst kann man schimpfen, um den Ärger, sich dumm angestellt zu haben, wieder loszuwerden.

Grundsätzlich wird bei Beschimpfungen im Bairischen die zweite Person verwendet. Sich selbst redet man sowieso mit du an (»Du dumme Urschel, konnst ned aufpassn?«), ebenso ein Gegenüber (»Du bleeder Hund, du ganz du bleeder«), ganz gleich, ob man mit ihm/ihr tatsächlich per du ist oder nicht. Im Affekt ist eben alles erlaubt und die Beleidigung wirkt in dieser Form viel direkter. (Man muss sich nur hüten, wenn der Angesprochene ein Amtsträger – beispielsweise ein Polizist – ist, dann ist allein das Duzen schon eine Form der Beleidigung.)

Eine im Dialekt ebenfalls angewendete Variante ist die Anrede in der dritten Person, was an sich schon ehrabschneidend wirkt, da früher traditionell nur Untergebene oder Dienstboten auf diese Weise

adressiert wurden: »Eam schaug o, er mecht aa scho mitredn!«
Und auf was zielt man mit der Beleidigung ab? Auf alles! Jede Eigenschaft geistiger (Intelligenz), körperlicher (Aussehen, Gebrechen) oder seelischer (Charakter, Benehmen) Natur, die nur in irgendeiner Weise von der Norm abweicht, wird zur Zielscheibe des Spottes und ins Maßlose übertrieben.
Zu Hauptwörtern und Eigenschaftswörtern gibt es verstärkende Vorsilben wie Blut- (Bluatshitz, bluatsnarrisch), Dreck- (Dreggbär), Hund- (Hundsbua, hundshäutern), Sau- (Saukerl, sauzwider) – übrigens immer »Sau«, die Verbindung mit »Schwein« existiert im Bairischen nicht – oder Scheiß- (Scheißglump, scheißfreindli).
Eine wichtige Eigenart des bairischen Satzbaus ist die Wiederholung des Eigenschaftswortes hinter dem zugehörigen Hauptwort, was zur Betonung und Verstärkung dient. Man sagt beispielsweise: »Gschroide Henna, gschroide« oder »Damischer Hirsch, damischer«.
Dabei bieten sich viele Möglichkeiten zur Verstärkung an:
Du damischer Hirsch, du ganz damischer.
Du oberdamischer Hirsch, du damischer.
Du damischer Oberhirsch, du damischer und so weiter.
In den nachfolgenden Kapiteln werden jeweils dem Thema entsprechende Eigenschaftswörter und Hauptwörter aufgeführt, sodass man nach eigenem Geschmack neue Kombinationen kreieren kann.
Aber aufgepasst: Eigenschaftswort und Hauptwort dürfen sich nicht widersprechen. Ein »hoglbuachana

Lattirl« (halsstarriger Waschlappen) ergibt genauso wenig Sinn wie eine »zeckerlfette Haberngoaß« (dicke Bohnenstange).
Daneben gibt es formelhafte Verbindungen, die keine andere Kombination erlauben, zum Beispiel »zahnerter Hoizfuchs« oder »naserter Birndiab«.
Neben Beschimpfungen sind Bedrohungen eine Möglichkeit, seinen Unmut abzureagieren. Auch sie werden maßlos übertrieben. Selbst wenn die bayerischen Mannsbilder den Ruf einer rauflustigen Spezies zu verteidigen haben, wird keiner erwarten, dass jemand Ernst mit seiner Drohung macht und den Gegner tatsächlich »ungspitzt in 'n Boden neischlogt« (senkrecht in den Boden schlägt) oder gar »dermert« (umbringt).
Zudem kann man auf den unseligen Widerpart Unglück, Krankheit oder Tod herabbeschwören und damit die Bedrohung noch verstärken: »Di soi doch glei der Teifi holn, du Mistviech, du greislichs!«
Und zu guter Letzt kann man seinem Unmut mit der Anrufung höherer Mächte Luft machen. Der Herrgott, der Himmel, das Sakrament, das Kreuz, die Heilige Familie und das Kruzifix müssen dafür herhalten. Die heiligen Grundworte werden sowohl einzeln als auch in vielfältigen Kombinationen benutzt. Der Trick dabei ist oft, das heilige Wort nicht ganz zu verunehren und im letzten Augenblick auf eine solche Weise abzukürzen, dass daraus ein harmloses Wort entsteht. Ein schönes Beispiel dafür ist eines der Top Ten bairischer Flüche: das »Zäfix« (eigentlich Kru-»zifix«).
Verzichtet wurde auf Schimpfworte, die aus dem Hochdeutschen stammen und nur dialektal einge-

färbt sind, etwa »Armleichta« (Armleuchter) oder »Neidhamme« (Neidhammel) und so weiter. Auch fremdsprachige Beleidigungen wurden weggelassen, sodass die Leserin und der Leser nur rein bairische Schmähungen findet, die tatsächlich von Dialektsprechern verwendet werden.
Dem Nicht-Dialektsprecher ist so ein hilfreiches kleines Kompendium an die Hand gegeben, in dem er nachschlagen kann, sollte er in einem Begriff eine Beleidigung vermuten. Und der Dialektsprecher findet (hoffentlich) das eine oder andere Wörtlein, das ihm nicht (mehr) geläufig ist und mit dem er in seinen Fluch-Wortschatz bereichern kann.

Liebe Leserin, lieber Leser, Sie werden staunen über den Einfallsreichtum und die geniale Ausdrucksfähigkeit des bairischen Dialekts! Viel Spaß beim Nachschlagen und Schmökern wünscht Ihnen

Astrid Schäfer

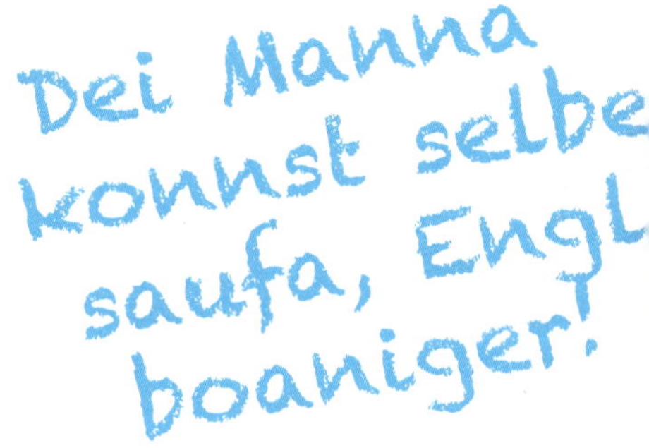

Greislicher Uhu
oder:
Hässliche Männer

Zwar heißt es immer, dass bei Männern nicht das Aussehen zählt, sondern andere Werte. Wenn es um Beschimpfungen geht, nimmt man aber doch ganz gern die Körperlichkeit aufs Korn, wobei die Besonderheiten selbstverständlich ins Unermessliche gesteigert werden.
Die meisten Eigenschaftswörter können übrigens auch für Frauen angewendet werden.

Das zu diffamierende Gegenüber nennt man

abikemma	heruntergekommen
baazlaugert	glupschäugig (von baazen = herausquetschen)
boanig	knochig (von Boana = Knochen)
broatgfotzert	breitmäulig (von Fotz = Maul)
dahaut	heruntergekommen
greislich	hässlich
grintig	verwahrlost, ungepflegt (von Grint = Hautausschlag, Dreckkruste)
gschiaglert	schielend
gschwoischädlert	mit einen ungesund angeschwollenen Kopf versehen

So a dahauter Barraba!

Du gsodwampada Saubazi, du gsodwampada!

Eahm schaug a so a schelch-baxerter Lalle

Schleich di, du ofrediga Saubär!

So a Hallodri, so oreidiger!

Des Grischperl, des schnupf i auf mit oan Schnauferer!

gwampert dickleibig (von Wampm = Schmerbauch)

gsodwampad sehr dickleibig, mit einem aufgedunsenen Bauch (Gsod = Häcksel)

körndlgfuttert über die Maßen wohlgenährt (mit Körnern angefüttert)

nasert mit einer großen Nase ausgestattet

obirlt heruntergekommen (wie ein Fruchtzweig, von dem alle Beeren schon abgezupft = obirlt sind)

ofredig unsauber, ungepflegt

oreidig schäbig, niederträchtig

rinnaugert triefäugig

schelch schief

schiach hässlich

schialich hässlich, abstoßend

spindi dünn, schwächlich

Du rinnaugerts odlfassl!

Offensichtlich hat ein Mannsbild etwas »darzustellen«, eine eher zierliche Konstitution ist von Nachteil, denn dann ist Mann ein

Fliegengirgl Schwächling (von Girgl = Kurzform von Georg)

Gremling wehleidiger, schwächlicher Mann

Grischperl körperlich zarter, schwächlicher Mann

Heiter, dürrer klapperdürrer Mann (wie ein ausgemergeltes Pferd)

Schoaß	kleiner, nicht ernstzunehmender Mann (Schoaß = Furz)
Stumpn	kleiner Mann, der nicht weit über den Boden ragt
Zwetschgenmanndl	kleiner, schwächlicher, verkümmerter Mann

Schaug, dass d' weiderkimmst, du Zwetschgenmanndl, du grings!

De fette Blunzn miassad aa grod net so a engs Gwand oziagn …

Schiache Brentn oder: Keine Schönheitengalerie

Bei weiblichen Wesen scheint der positive optische Eindruck von größerer Bedeutung als beim männlichen Gegenstück zu sein. Im Gegensatz zu »ihm« ist bei »ihr« aber eher die Körperfülle (und nicht die Schmächtigkeit) ein Angriffspunkt. Frauen, die (vielleicht) ein paar Kilo zu viel auf die Waage bringen, heißt man:

Blunzn	schwere oder schwerfällige Frau (Blunzn = Blutwurst)
Brentn	dicke, unförmige Frau (Brentn = großes hölzernes Fass)
Duitstand, gwamperter	unförmig dicke Frau (so breit wie ein Stand auf der Dult)
Heppern	dicke, widerliche Frau (Heppern = Kröte)
Krapfa, oida	dicke Frau (so fetttriefend schmierig wie ein altbackener Krapfen)

Broatoaschert wiar a Breigaul is s', de Zenz!

Sie sind dann

broatoaschert	breithintrig (von Oasch = Hintern)

nudldick	so dick wie eine gemästete (genudlte) Gans
zeckerlfett	prall vor Fett (wie eine mit Blut vollgesogene Zecke)

Sollte die Frau aber von eher schlanker Gestalt sein, ist's auch nicht recht, denn dann ist sie eine

Heigeign	langbeinige, geradezu magersüchtige Frau (von Heugeige = Holzgestell zum Trocknen des Heus)
Hopfastang	große, allzu knochige Frau (Hopfenstange, vergleichbar der hochdeutschen Bohnenstange)
Habergoaß	hochgewachsene, überschlanke Frau (von Habergoaß, einer meterhohen Sagengestalt mit Ziegenkopf)
Schäwan	klapperdürre Frau (schäwan = scheppern)

Nicht mehr ganz so junge Frauen haben's auch nicht leicht. Für sie gibt es Schimpfworte wie

Hafn, oida	hässliche alte Frau (Hafn = Topf)
Schäsn, oide	aufgetakelte Frau im fortgeschrittenen Alter (von Chaise = Pferdekutsche mit aufklappbarem Dach, wird auch fürs Auto verwendet)

Ja so a greisliche
Schwäwan,
o a greisliche!

Bei dera Heigeign
host nix wia Boana
in da Hand …

So a zeckerlfette Blunzn,
da brauchst beim Hischaugn
scho a Scheibn dürrs Brot!

Wos ham s' jetz
do für Hopfastanga
zammtriebn
ois Kellnerinnen?

Moanst, du hättst aa no
wos zum Vamoidn,
du oida Hafn,
du zammzupfta?

Wedahex — Frau mit vielen Falten (wie vom Wetter gegerbt)

Fazit: Eine Frau sollte immer auf sich schauen, sonst ist sie

Mei, schaugt d
vahaut aus!

vahaut — verwüstet aussehend

valuadert — heruntergekommen (von Luder = Köder für Raubwild)

zammzupft — verwüstet ausschauend

zozert — ungepflegt langhaarig (von Zozn = Zotteln)

Andererseits: Allzu viel sollte »Frau« auch nicht aus sich zu machen versuchen, sonst schimpft man sie möglicherweise

aufbrezelt — auffällig herausgeputzt

aufzaamt — mit zu viel Schmuck angetan (aufgezäumt)

Aufzaamt is s' wiar
a Bräuross!

oder hält sie gar für eine

Bixlmadam — eine übermäßig aufgetakelte Frau aus armen Verhältnissen (die für ihre Ausgaben auf die Sparbüchse angewiesen ist?)

Dappige Urschl oder: Dummes Weibsbild

Die (vermeintliche) Dummheit von anderen Leuten ist auf der ganzen Welt ein beliebter Angriffspunkt für Beschimpfungen. Und auch wenn man selber weiß, dass man einen angemessenen Intelligenzquotienten besitzt, wird man trotzdem betroffen reagieren. Aber das sollte man gar nicht tun, denn wie alle Beleidigungen sind auch diese Unterstellungen völlig überspitzt.
Die entsprechenden Eigenschaftswörter sind selbstverständlich auch für Männer und Kinder anzuwenden und werden in den entsprechenden Kapiteln nicht mehr wiederholt.

brunzdumm strohdumm (von Brunz = Urin)
damisch verrückt, albern, dämlich
dappig dumm, nicht ganz zurechnungsfähig
deppert einfältig, dämlich
dorat beschränkt (hier wird das körperliche Gebrechen, die Taubheit, auf den Geisteszustand übertragen)
drapft beschränkt, leicht verrückt
hirnbrandig hirnverbrannt

Bist jetz ganz deppert?

Gstell di doch
net gor a so
hirnbrandig o,
du damische
Truachtl!

A geh, du oide
Krampfhenner
du!

So a fada Nocka!

*Bei dir feit's vom Boa
weg, du bleede Kuah!*

So an schiachn Tramp
wia di muasst
erst amoi findn!

Des Durl habn s' ois
Kind dreimoi in d' Höh
gworfa und bloß
zwoamoi aufgfangt.

Und die mit diesen Eigenschaften belegten und/oder ungeschickten Frauen schimpft man als

Dotschn grobschlächtige, unbeholfene Frau (Dotschn = Kohlrübe)
Drutschn plumpes, ungeschicktes Weibsbild
Durl einfältiges weibliches Wesen
Hepfn beschränkte Frau (von Hefe, übertragen Bodensatz)
Krampfhenner nur Unfug (Krampf) daherredende Frau
Moin langweiliges, muffliges Weibsbild (Moin = Weiches im Brotinneren)
Nocka dumme, eingebildete Frau
Trampe vierschrötige, unsensible Frau
Truachtl ungeschickte Frau

Merkwürdigerweise werden sogar (einst) beliebte Vornamen zur Beleidigung herangezogen:

Gretl einfältige Frau (von Margarete)
Urschl ungeschickte Frau (von Ursula)
Zenzi begriffsstutzige Frau (von Kreszenzia)

Du werst ma scho so a Zenzi sei!

Oida Loamsiada oder: Einfältige Langweiler

Mannsbilder haben nicht nur von der Statur her, sondern auch charakterlich etwas darzustellen. Fehlt es ihnen an Durchsetzungskraft oder lassen sie sich leicht einschüchtern, wird ihnen das angekreidet. Gerade im Bairischen gibt es viele »sprechende« Ausdrücke; wie bei den Frauen werden auch bei den Männern Abkürzungen (früher) gebräuchlicher Vornamen zur »Rufschädigung« verwendet:

Doidde, bläda!

Batzenlippl Tölpel, Versager (Lippl = Philipp)

Bettbrunzer Einfaltspinsel, der sich wie ein Bettnässer verhält

Bidi alberner, nicht ernstzunehmender Kerl

Boinbruada Angsthase (Boin = Kotbollen, die man im Angstzustand in der Hose hat)

Breznsoiza Nichtskönner

Dalk ungeschickter Mensch, Trottel

Doidde Trottel

Geltsgott, zanada unterwürfiger Mann (einer, der oft »Vergelts Gott« = Danke sagt und dabei grinst)

Girgl Einfaltspinsel (von Georg)

I bin doch net da Gmoadepp!

Gletzn langweiliger Mensch (sein Gehirn und Gemüt sind so vertrocknet wie Gletzn = gedörrte Birnen)

Gletznbene Gletzn + Benedikt

Gmoadepp Dorfdepp

Gore dummer, läppischer Mann (von Gregor, Georg)

Grattla schäbiger, minderwertiger Mann, besitzloser Hungerleider (von kratto = Korb; früher boten die Hausierer ihre Waren im Tragkorb an)

Wuist affa, du Laare Hosn?

Hiasl einfältiger Mann (von Matthias)

Hosn, laare kraft- und mutloser Kerl (der nichts in der Hose, keine »Eier« hat)

Kaschperl nicht ernstzunehmender Mensch, von der holzgeschnitzten Kasperlfigur

Kerznleichter unbeholfener, überflüssiger Mensch (wie der hochdeutsche Armleuchter)

Ladirl Waschlappen, Trottel

Lätschnbene langweiliger, schwungloser Mensch (Lätschn = fade Miene, Bene = Benedikt)

Lalle einfältiger Mensch (der nur lallt)

Lapp Mann, der sich alles gefallen lässt

Lattirl Pantoffelheld

Lefdutti nicht ernstzunehmender Mann, Handlanger (nach engl. »left duty« als Kritik amerikanischer GIs gegenüber pflichtvergessenen deutschen Mitarbeitern?)

Loamsiada langweiliger, schwungloser Mensch (= Leimsieder, also jemand, der eine stupide Tätigkeit ausübt)

Rossboinsammla dummer, läppischer Mensch (Rossboin = Pferdeäpfel)

Seckl einfältiger, nichtsnutziger Mann

Seftl alberner Mensch

Siach dämlicher Mensch

Simandl Pantoffelheld

Simmerl naiver, leicht beschränkter Mensch (von Simon)

So a fada Socka!

Socka langweiliger Kerl

Toagaff tölpelhafter Mensch (Teigaffe; was damit ausgedrückt werden soll, ist rätselhaft, eventuell im Teig bewegungsunfähiger Affe?)

Tranfunsl trübsinniger Mensch

Waschl nichtsnutziger Kerl (Waschl = Pinsel)

Wuisler wehleidiger Kerl (Winsler)

Xidi Tölpel (von Xaver)

Zoitn langweiliger Mensch (wie ein vertrockneter Zoitn = Lebkuchen)

Moanst, i waar dei Lefdutti?

Geh ma weida mit dem oidn Loamsiada!

u host scho lei gar nix zum amoidn, du Seckl!

Der gstellt si o wiar am Gandhi sei zwoata Breznsoiza!

Gib doch endli a Ruah, du Wuisler, du elendiger!

Du werst ma so a Xidi sei, mei Liaba!

Gache Zornbinkl oder: Grimmige Mannsbilder

Wenn jemand in Wut gerät, weil ihm etwas überhaupt nicht in den Kram passt, kann es schon sein, dass er seinem Ärger lautstark Luft macht. Aber es gibt auch Leute, die von Haus aus eher jähzornig sind und zu Wutausbrüchen neigen. Sie rügt man als

Gschroamaul	Maulaufreißer
Plärrmaul	wichtigtuerischer Schreier
Streithammel	sehr streitsüchtiger Mensch
Zornbinkel	jähzorniger Mensch

Und ihnen werden folgende Eigenschaften nachgesagt:

bollisch	gereizt, aufgebracht, störrisch
fuchti	wild, wütend
gach	jähzornig, aufbrausend
gschroamaulert	maulaufreißerisch
hanti	gereizt
kennen bzw. sich nimmer kennen	nicht mehr bei klarem Verstand sein, gewalttätig werden
mentrisch	wütend herumschreiend
narrisch	zornig, wütend, gesteigert zu

stoknarrisch	sehr wütend
pöizi	unangenehm gereizt (von pelzig wie ein wildes Tier?)
sierig	aufgebracht, wütend
zinti	gereizt, aufgebracht

Glei wer i zinti!

Ham s' dir ins Hirn gschissn, du Zornbinkl, du gschroamaulerter?

Du Stiabinku, du bollischa!

So a gacher Lackl!

Kenn di nur grod wieda ...

So a zwidane Moir
so a zwidane!

Dem Metzger
sei Wei, des
is vielleicht a
Dracha!

Du Radiweib
du oreidigs!

Schaamst di ned,
dass d' so zwifotzert
daherredst?

Dass du
gor so unleid
sei mogst!

So a Bissgurrn
wia du,
des braucht
derpacka …

Zwiderne Bissgurrn oder: Zänkische Weiber

So wie den Mannsbildern grantiges oder jähzorniges Verhalten zur Last gelegt wird, so scheint man den Frauen schlechte Laune anzukreiden. So eine Frau wenn »Mann« im Haus hat, dann hat er nichts zu lachen. Sie ist

hinterfotzig unaufrichtig daherredend (von Fotz = Mund)
hinterkünftig hintersinnig, durchtrieben
unleidi missmutig, schwer zu ertragen
zwida unausstehlich, übellaunig
zwifotzert doppelzüngig (von Fotz = Mund)
wislhaarig eigensinnig, trotzig

Dreckbritschn, herglaufene!

So eine schimpft man eine/einen

Beißzang zänkische, bösartige Frau
Bissgurrn zänkische, streitsüchtige Frau (ursprünglich: beißende Gurre = alte Stute)
Britschn klatschsüchtige, bösartige Person (Britschn = Vulva)
Dracha hässliches und ständig schimpfendes Weibsbild

Fegeisn herumzankendes Weibsbild (von fegen = zanken)

Fuchtl, oide unliebsame alte Frau; eine junge Fuchtl ist ein liederliches Mädchen

Giftnudl zänkisches Weibsbild

Gurgl bissiges Weibsbild (von Gurgl = Hals)

Mistviech ausgekochtes Weibsbild, kann auch scherzhaft anerkennend verwendet werden

Radiweib ungepflegte, ordinäre Frau

Ratschn gerne ratschende und dabei die Leute ausrichtende Frau

Reibeisn widerborstige weibliche Person

Rutschn klatschsüchtige, hinterhältige Frau

Zwidawurzn sauertöpfische Frau

Du Giftnudl, du böse!

Geh, hoit d… dei Mei, du oide Rutschn!

Mogst di ne… schleicha, du Gschaftlhuaba…

Dipfescheißer und Gloife oder: Ungute Zeitgenossen

Während bei den Frauen eher Dummheit oder Zanksucht den Anlass zu Beleidigungen darstellen, sind es bei den Mannsbildern Besserwisserei und ungehobeltes Benehmen. Die beleidigt man dann so:

obergscheida Adabei!

Adabei	Wichtigtuer (einer, der überall dabei sein muss)
Arwashiata	übergenauer Mensch, Erbsenzähler (eigentlich: Erbsenhüter)
Dipfescheißer	übergenauer Mensch, Korinthenkacker (eigentlich: Tüpfchenscheißer)
Gschaftlhuber	überaus beflissener, wichtigtuerischer Mensch
Gscheithaferl	Besserwisser (einer, der vor Gescheitheit überläuft)
Gschwoischädl	aufgeblasener Kerl (mit einem vor Wichtigkeit aufgeschwollenen Kopf)
Neigschmeckter	einer, der nicht vom Fach oder Verein ist und dennoch mitreden will
Nudldrugga	Korinthenkacker (Nudeldrücker)

Schoaßaufschmecker,
liadriga!

Du Gloife, du ganz du gscherta!

Mei Oida is a
rechter Hackstock!

So a Hamperer,
so a grobgstrickta!

Host mi, du
Muhackl, du
haglbuachana

Mit so am Riassl
mog i nix zum toa habn!

Schoaß-aufschmecker	Wichtigtuer (jemand, der jeden Schoaß = Furz riecht)

An Manieren fehlt es beim

Glachel	grober, unmanierlicher Mann (von Glockenschwengel, übertragen für Penis)
Gloife	ungehobelter Kerl
Hachl	grober, ungebildeter Kerl (von Hachel = grober Kamm zur Flachsbearbeitung?)
Hackstock	unbeweglicher, plumper Mensch
Hagelbuachana	ungeschliffener Kerl ohne Benehmen (so wie die harte Hagelbuche)
Hamperer	grober, ungeschliffener Mann (verschliffen von Handwerksbursch)
Lackl	grober, rücksichtsloser Kerl
Lippl	ungeschickter, grobschlächtiger Mann
Muhackl	grober, gescherter Kerl
Rammel	ungehobelter, grober Kerl
Raubial	ungehobelter, sturer Mann (Bial = kleine Beere)
Riassl	grober, ungeschliffener, derber Mann (von Sauriassl = Schweinsrüssel)
Schliaffe	ungehobelter, unmanierlicher Mann (Schliaffe = Penis)

Ein solcher Kerl ist dann

grobgstrickt	unsensibel (grobgestrickt)
gschert	ordinär, grob (geschoren wie die Schädel leibeigener Bauern)
haglbuachern	ungeschliffen, mit groben Manieren
krachert	grob, derb
krachledern	derb, unverschämt

Hob mi doch gern, du kracherter Raubial!

Übellaunige oder sich ständig beschwerende Zeitgenossen sind ebenfalls nicht gern gesehen. Sie werden beschimpft als

Bosnickl	leicht aufbringbarer, aggressiver, boshafter Mensch
Gnack	jemand, der unaufhörlich nörgelt, sich beschwert (Gnack = Genick)
Grantler, Grantlhauer, Grantlhuber	Nörgler
Gronickl	mürrischer, brummiger Mann

Hoit endli dei Fotzn, du oida Grantler!

Ruachade Haislschleicha oder: Raffgierige Sünder

Unliebsame Gesellen gibt es wohl in jeder Gemeinschaft. Besonders negativ bewertet werden in Bayern Leute, die sich einer der von der katholischen Kirche sanktionierten Todsünden (etwa Neid und Geiz) schuldig machen, beispielsweise der

Haislschleicha scheinheiliger Heuchler (Erbschleicher)
Notnickl Geizkragen
Ruach geiziger, geldgieriger Mensch
Verklaghaferl jemand, der andere hinhängt

Du hinterfotziger Bazi, du!

So jemand ist

gwieft durchtrieben (auch anerkennend verwendet)
hinterfotzig heimtückisch, hinterlistig (von Fotz = Mund)
hoalous gerissen, hinterhältig (haarlos)
hundsheitern ausgekocht, schäbig
misrablig unverschämt, durchtrieben
reidig schäbig, niederträchtig
ruachad raffgierig
schelch verschlagen, gesteigert zu *schelchauget* (schiefäugig)

schlagorad	hinterlistig (schlagohrig = schiefohrig)
schoflig	geizig, schäbig
schundi	unfair
vadruckt	unehrlich, listig
windig	unzuverlässig, charakterlos
zwifotzert	doppelzüngig

Du reiß di fei zamm, du vadruckta Stierbeitl!

Mit negativen Eigenschaften belegt ist auch der

Beitl	lästiger Mann, Idiot (von Beitl = Hodensack)
Nassl	lästige, unangenehme Person
Nickl, Bosnickl	boshafter Zwerg
Grattler	Taugenichts; kleinlicher, primitiver Mensch
Gschlare	unzuverlässiger Windhund

Mit dia mecht i nix zum doa habn, du oreidiga Grattler!

Soiferer und Ratschn oder: Redselige Leute

Es scheint eine ausgemachte Sache zu sein, dass ein echter Bayer nicht gerne redet. Wenn man so manchen Wirtshausdisput hört, würde man diese Behauptung allerdings als glattes Gerücht abtun. Was der Bayer aber wirklich nicht leiden kann, sind Schwätzer, sie schimpft er:

Schmatza	Schwätzer; jemand, der nur redet, aber nichts zustande bringt
Soibada	langweiliger Schwätzer (jemand, der salbadert)
Soifera	jemand, der schnell und unverständlich daherredet, sinnloses Zeug brabbelt
Sprichbeitl	Aufschneider

Was sie daherreden, nennt man im Bairischen:

Kaas	dummes Zeug, Unsinn (Käse)
Schmarrn	Unsinn, Durcheinandergerede
Sprich	leeres Gerede, Prahlerei
Stuss	Unsinn, Unfug
Sums	nichtssagendes Geschwätz (bedeutungslos wie Gesumme)

In dieselbe Kategorie wie der Schmatza gehört weiblicherseits die

Ratschn schwatzhafte und klatschsüchtige Frau, gesteigert zu *Karfreitagsratschn, Quadratratschn*

Sie richtet gern die Leut aus, zieht also abfällig über sie her. Wer gar Lügengeschichten erzählt, ist ein

Lügnbeitl Lügenbold
Lügnschippe verlogener Mensch

Da Hias is so a Soifara, der redt di schier bleed!

Lass ma doch m
mit dem Kaa

Hör auf mit dem Sums, du Lüg
du abscheiliga!

Und so gern der eine oder andere insgeheim schmutzige Witze hört, als Fehlverhalten kann man es demjenigen, der sie erzählt, immer anlasten, indem man ihn einen … nennt:

Sauglocknläuter Zotenreißer (Sauglockn = Gemächt des Schweins)

So a Sauglocknläuter, so a wislhaariga!

Wia ma an solchan Schmarrn daherschmatzn ko!

Den Stuss konnst deina Großmuatta verzapfa!

Schaug, dass d' hoamkimmst, du oida Bierdimpfe!

Rauschiga Saufaus, rauschiga!

Geh auf d' Seitn, Wogscheit bsuffas!

A so a Pfuideifi, so a zammgsuffana!

Gei, daats d aa d Mass megn, du Freibierlätsch du notige!

Dass 's dir glei gor net graust, du Noagalzuzler, du oreidiga!

Saufaus, oreidiga oder: Vom maßlosen Trinken

So gern man in Bayern Bier trinkt, auch damit kann man jemanden beleidigen, indem man ihn ein(en) … schimpft:

Bierdimpfe	Wirtshaushocker, der stumpfsinnig seine Massen hinunterkippt
Rauschkugel	betrunkener Mensch (der bloß noch rumkugeln kann?)
Saufaus	Säufer
Wogscheitl, bsuffas	starker Trinker (von Waagscheit = Holz zum Anspannen der Zugtiere, das beim Ziehen hin- und herschwankt)

Wenn einer das Saufen in (un)schöner Regelmäßigkeit betrieben hat, ist er am Ende

zammgsuffa	zusammengesoffen, durch häufiges (Bier-)Trinken körperlich mitgenommen

Doch sollte man sich sein Bier auch leisten können, sonst ist man ein(e)

Dreiquartprivatier ein armer Teufel, der sich keine ganze Mass Bier kaufen kann

Freibierlätschn jemand, der immer drauf aus ist, ein Bier spendiert zu bekommen, selbst aber niemals eine Halbe ausgibt (Freibiergesicht)

Noagalzuzler armseliger Mensch, der die Reste aus fremden Biergläsern austrinkt

Übermäßiges Essen scheint nicht gar so negativ bewertet zu werden, dafür finden sich kaum Schimpfworte, nur

Schlauderaff Faulenzer, Prasser (Scharaffe)

Doch es kommt schon drauf an, was man isst. Ein

Koirabiapostl Öko-Freak (Kohlrabi-Apostel)

oder

Koirabiapostl, kerndlgfuadad

Körndlfresser Vegetarier

ruft beim seine Weißwürscht und seinen Schweinsbraten liebenden Bayern auch nur Hohn und Spott hervor.

Dapperte Dreckhamme oder: Übergriffige Männer

Die »dapperten« Mannsbilder sind nicht zu verwechseln mit »dappigen« Mannsbildern. Die einen sind etwas unterbelichtete Exemplare der Männerwelt, die anderen sind Kerle, die übergriffig werden und weibliche Wesen betappen:

abgreifen eine Frau intim berühren
andappen anfassen
andatschen mit einer Frau (gegen ihren Willen) zärtlich werden
anwanzen sich aufdrängen (wie eine Wanze im Bett)

Bloß schaugn, ned andappn!

So ein Mannsbild gebärdet sich

busslad einer, der mit seiner Busslerei nervt
gamsig geil, zu sexuellen Abenteuern aufgelegt
liadrig sittlich anstößig
oreidig niederträchtig und unanständig
vaheirat plump intim

Glang mi ned so verheirat o!

Den Zeck bringst schier nimma weida!

Du wennst mei Madl no oamoi andatschs na wer i zinti!

Des konn i fei ned daleidn, wannst di so vaheirat herdruckst an meina …

Schaug da den gamsign Strizzi o der ghört doch daroghaut!

Schleich di, du Schmirbendremme, du busslada!

Da Schorsch is a ganz a Ohabiger, der lafft ihra n aufs Scheißheisl noch …

Und man nennt ihn ein(en)

Dapperer	einer, der gerne weibliche Wesen betappt
Duttnbatscher	Busengrapscher
Ohabiger	plump-vertrauliches Mannsbild, das die ablehnende Angebetete belagert
Schmirbenführer	schmieriger alter Mann, der junge Mädchen belästigt
Zeck	aufdringlicher Kerl, der sich anhängt wie eine Zecke
Wimmerl, lästigs	zudringlicher Mann, der immer wiederkehrt wie ein unangenehmer Pickel

Glei duast deine Griffe weg, oida Duttnbatscher!

Schleich di, du Bär,
du rammliga!

Der führt si auf
wia da
Gmoabummerl!

De Britschn, de liadrig,
de glangat i ja
nia ned o!

Dass d' di
net schaamst,
du Schlampn,
du ausgschaamta!

Oschmiern
duad sa se grod
wiar a Schnoin!

Schaug, dass d' weidakimmst
mit deim Flidschal!

Schnoin und Strizzis oder: Vom Sex besessen

Wird die körperliche Liebe in einem nach gängigen (oder auch überkommenen) Moralvorstellungen allzu häufigen Ausmaß praktiziert, hängt ihr in allen Sprachen etwas Anstößiges an. Wie überall werden für ein solch »zuchtloses« Verhalten auch im Bairischen gerne Vergleiche mit besonders potenten Tieren herangezogen, einen »unkeuschen« Menschen setzt man herab als:

So a Loas, so a dreggade!

Bär, Saubär Sexprotz (Saubär = Eber)

Gäubär Mann mit übermächtigem Sexualtrieb (der quasi fürs ganze Gäu als Zuchteber herhält)

Loas liederliches Weibsbild (Loas = Mutterschwein, Zuchtsau)

Loatsau sich unsittlich aufführende Frau (Loatsau von Loas)

Matz unmoralische Weibsperson, Hure (Matz = läufige Hündin)

Stier sexuell überaktiver Mann

Gmoastier, Gmoabummerl noch sexbesessener als der Stier (von der Gemeinde gehaltener Stier, der sämtliche Kühe des Ortes deckt)

Zuchtl Frau mit sehr lockeren Moralvorstellungen (Zuchtl = Zuchtsau)

Abgesehen davon gibt es noch ein weites Feld abfälliger Ausdrücke für Frauen mit auf erotischem Gebiet zweifelhaften Gewohnheiten:

Britschn liederliches, raffiniertes Frauenzimmer (Britsche = Vulva)
Flidschal leichtlebige junge Frau, Flittchen
Flidschn wie Flidschal, aber stärker, auch für ältere Frauen verwendet
Mensch unmoralische Frau, Hure

Du Flidschn, du zammgreglte!

Achtung: Der Begriff kann auch eine neutrale Bedeutung haben im Sinne von »weiblicher Dienstbote«, etwa in »Kuchlmensch« (Küchenmagd).

Menscherl Flittchen
Schicksn Hure (ursprünglich von Schickse = jiddisch für Christenmädchen)
Schlampn sittenlose Frau, Dirne
Schlamperl wie Schlampn, aber schwächer und für jüngere Frauen verwendet
Schnepfa leicht zu habendes Mädchen (das wie die Schnepfe erst in der Dämmerung herauskommt, auf den Strich geht?)

Schnoin Hure (eigentlich Jägersprache für Vulva des Wildes)

Stanglmadam liederliche Frau (Stangl = kleine Stange, Penis)

Bekanntlich gehören aber immer zwei dazu, also werden auch die überaktiven Männer aufs Korn genommen:

Menscherer Schürzenjäger

Schnointreiber Zuhälter, Weiberheld

Stenz Zuhälter

Strizzi Strolch, Zuhälter

Weiberer Schürzenjäger

Wuist wos, du rammliga Strizzi?

Und zur Verstärkung der Beschimpfung gibt es einige sehr anschauliche Eigenschaftswörter:

abklaubt von vielen Männern vernascht (wie ein Obstbaum abklaubt = abgeerntet, seiner »Früchte« beraubt)

ausgschaamt sehr unverschämt (ohne jeden Rest von Scham)

bärig wollüstig, geil (sich wie eine brünstige Sau zum Saubären = Eber drängen)

gamsig geil, zu sexuellen Abenteuern aufgelegt (Gams = Gämse)

liadrig liederlich, moralisch verwerflich

rammlig zum Koitieren bereit (von jägersprachlich »rammeln« =

sich paaren von Hasen und Kaninchen)

sacklaugad jemand mit Augensäcken (wegen seines ausschweifenden Lebenswandels)

zammgveglt zusammengevögelt (durch häufiges Vögeln = Koitieren mitgenommen)

Du Schnointreibe
du
sacklaugada!

Da neie Tschamstara
von da Ursch is a ganz
gamsiga Weiberer …

Biffe und Krampfhenner oder: Tierische Vergleiche

In jeder Sprache werden Vergleiche aus der Tierwelt herangezogen, um menschliches Verhalten und Aussehen in despektierlicher Weise zu beschreiben oder anzuprangern. Der Dialekt findet hier besonders prägnante Begriffe. In den meisten Fällen sind das einheimische Tiere, die man eben genau kennt, nur der Affe (Aff) hat auch im Bairischen Einzug gehalten.

Apruiaff, gselchter!

Apruiaff	närrischer Mensch (jemand, der sich am 1. April in den April schicken lässt)
Boochratz	hässlicher, gesellschaftlich nicht akzeptabler Mensch (von Ratz = Ratte)
Brooz	Angeber (von Brooz = Kröte, die sich beim Quaken aufbläht)
Bruiaff	lauter, brüllender Mensch (Brüllaffe)
Büffe	sturer, rücksichtsloser Mann (Büffel), verstärkt zu *Bauernbüffe*
Brelochs	begriffsstutziger Mann (wie der Ochse mit einem Brett vorm Kopf, an dem die Zugseile befestigt sind)

Bummerl sturer, uneinsichtiger Mann (Bummerl = junger Stier), verstärkt zu *Bauernbummerl*

Duitaff einfältiger, dummer Mensch (übertragen: einer der auf der Dult Maulaffen feilhält)

Gimpe sprunghafter, leichtsinniger Mensch (Gimpe = Gimpel)

Goaßbock junger dummer Mann, närrischer Bursche (Geißbock)

Gwandlaus aufdringlicher, lästig anhänglicher Mensch

Schaug da nur grod den Sauhammel o!

Hammel rücksichtsloser, moralisch verwerflicher Mann, oft verstärkt zu *Dreckhammel, Pfundhammel, Sauhammel*

Haubndaucher verschrobener Kerl (vom gleichnamigen Wasservogel)

Henner eingebildete, aufgeregt agierende Frau (Henner = Henne), verstärkt zu *Krampfhenner*

Heppern dicke, widerliche Frau (Heppern = Kröte)

Hirsch Tölpel, Dummkopf

Hoizfuchs, zahnada verschlagener, hinterhältiger Mensch (der wie ein Fuchs die Zähne bleckt)

Hund Lump, Gauner

Hundling Hundskerl, infamer Mensch

Achtung: Hier kommt's wieder auf die Betonung an, beide Bezeichnungen können auch respektvoll aner-

Du Bauernbummerl,
du wislhaariga!

Gfahrn is er
wiar a Wuidsau,
da junge Dutterer!

So a gspinnerte
Spinatwachtl,
so a gspinnerte!

Fahr doch zua,
du Hirsch,
du dappiger;
greana werd de
Ampel ned!

A Ochs bleibt a Ochs,
aa wenn er im Rossstoi
aufzogn wordn is.

Gib doch a Ruah,
du Bruiaff, du
gschroamaulada!

kennend gemeint sein. Man sollte also nicht gleich beleidigt sein, wenn jemand zu einem sagt:

Du bist scho a Hundlin

Oachebär	jemand, der in Gehabe und Geruch einem Wildschwein ähnelt (von Oache = Eichel, Bär = Keiler)
Pfingstochs	herausgeputzter Kerl (ursprünglich das zum Almauftrieb mit Bändern und/ oder Blumen geschmückte schönste Rind)
Rindviech	jemand, der sich töricht verhält
Schnepfa	leicht zu habendes Mädchen (= Schnepfe)
Spinatwachtl	exzentrisch oder lächerlich wirkende Frau
Stierbeitl	überaus sturer Mann, unverschämter Kerl (von Beitl = Hodensack)

Achtung: Diese Bezeichnung kann auch eine positive Bedeutung haben. So sagt die Oma von ihrem Enkel, der ihr eine eigentlich übers Budget hinausgehende Karussellfahrt auf dem Volksfest abgebettelt hat:

Weidaganga is a ma nimmer, der Stierbeitl, der kloa!

Viech eher anerkennend für einen raffinierten oder besonders lustigen Menschen (von Viech = Vieh); verstärkt zu *Urviech*

Wadlbeißer Stänkerer, zu bissigen Bemerkungen neigender Mensch (eigentlich: bissiger kleiner Hund)

Waglhund liederlicher, ausgemergelter Kerl (der Waglhund zog den Karren von armen Leuten, die sich kein Pferd leisten konnten)

Wuidsau sich äußerst rücksichtslos gebärdender Mensch (der sich benimmt wie ein Wildschwein)

Zeck lästiger, aufdringlicher Mensch (der sich festsaugt wie eine Zecke)

Von einigen Tieren werden nur bestimmte Körpermerkmale ins Visier genommen:

Haissnkopf Mann mit langem, pferdeähnlichen Gesicht; dummer, uninteressanter Mensch (Haiss = junges Pferd)

De hod an oasch wiar a Breigaul!

der Hintern vom

Breigaul Bräuross (um die Brauereiwagen mit den schweren Fässern zu ziehen, wurden massige Kaltblüter vorgespannt) die Miene, der Gesichtsausdruck im

Geißgschau starrer, geistesabwesender Blick (Geiß = Ziege)

wenn einer ausschaut wie eine

Henner unterm Schwoaf kläglich, abgerissen aussehen (wie ein Hühneranus)

oder dreinschaut wie ein

Kinihas dümmlich dreinschauen (wie ein Hase)

oder sich benimmt wie ein

Jochgeier unmäßig laut schreien (wie ein Lämmergeier)

Plärrt hod er wiar a Jochgeier, da Hias!

Ausschaung duast wiar a Henner unterm Schwoaf …

Geh
ne
Spoz

Gib doch endli
du wepsad

und wenn jemand ein wenig dumm ist, hat er ein

Spoznhirn	kleines Gehirn wie ein Spatz

Wenn's ganz schlimm kommt, wird er gar mit winzigen Kotkörnchen verglichen:

Mausdreck	Wichtigtuer (Mäusekot)

Auch die (angenommenen) Eigenschaften von Tieren werden zur verdeutlichenden Untermalung einer Beschimpfung herangezogen. Den menschlichen Widerpart heißt man dann

bockboanig, *bockstarrig*	stur, unnachgiebig wie ein Geißbock
stierad	stur wie ein Stier
wepsad	unangenehm aufgeregt (wie ein Weps = Wespe)

Glei fangst oane, du bockboaniger Bauernbüffe!

es
ei in dei
irn?

Schaug doch, dass d' weiderkimmst, du aufgstellter Mausdreck, du!

uah,
iefern!

Lauser und Raubürdl oder: Die lieben Kleinen

Normalerweise bedenkt man Kinder – vor allem, wenn es die eigenen sind – eher mit lobenden Worten und Kosenamen wie Schatzi oder Herzi. Trotzdem sollte man nicht erschrecken, wenn Dialekt sprechende Eltern ihre Kinder mit Worten bezeichnen, die in einem anderen Zusammenhang ernste Beleidigungen sein können, hier aber anerkennend gemeint sind:

Du bist ma scho so a kloana Baz

Bazi	durchtriebener Bub (auch: Halunke)
Bixn	freches, raffiniertes Mädchen (von Büchse = Vulva)
Matz	raffiniertes Mädchen (auch: liederliches Frauenzimmer)
Lausbua	Lausbub
Lausdeandl	zu Streichen aufgelegtes Mädchen
Schlawuzi	pfiffiger kleiner Bub (von Schlawiner = durchtriebener Mensch)
Treibauf	umtriebiges Kind (das die anderen von der Ruhe auftreibt)

Da Größa is a rechta Treibauf!

Auf nicht so gern gesehene Eigenschaften gehen diese Begriffe ein:

Christkindl, gschlamperts	schlampiges Mädchen
Raubürdl	ungestümes Kind
Trauminet	schüchternes, zaghaftes Kind (»Trau-mich-nicht«)

Abfälliger sind dann Bezeichnungen, die durch die Zusammensetzung mit »Hunds-«, »Rotz-« oder »Sau-« eine negative Bedeutung erhalten:

Hundsbua	Lausbub
Hundskrüppe	sehr frecher Bub (Krüppe = Krüppel)
Rotzbibbn	vorlautes (kleines) Mädchen (Rotzbibbn = Rotznase)
Rotzbua	ungezogener, dreister Bub
Rotzlöffe	besonders vorwitziger Bub (vielleicht in Anspielung auf seine ziehbaren Löffel = Ohren)
Saubua	frecher Bub
Saufratz	freches Kind

Saubua, gfotzerter!

Solche Kinder sind dann

gfotzert	das Maul anhängend, freche Reden führend (von Fotz = Mund)
gschnappig	schnippisch, vorlaut

Hod mi doch der
Saufratz, der gschnappig
a oide Drutschn ghoaßn!

Geh zua,
du Christkindl,
du gschlamperts,
raam amoi dei
Zimmer zamm.

Gebts a Ruah, es Drackn,
sunst naglt i euch
mit de Ohrwaschl ans
Stadltor hi!

Dass d' net gle
as Mei hoitst,
du Rotzbibbn!

Saxndi, de
Mistkrampen vom Huaba
ham scho wieder
unsern Apfebaam
obklaubt

Ganz und gar als Schimpfwörter zu betrachten sind folgende Bezeichnungen, auf die das Kind dann auch zu recht beleidigt reagieren darf:

Bankert	missliebiges Kind (von Bankert = uneheliches, »auf der Bank gezeugtes« Kind)
Drack	ungebärdiges Kind (von Drack = Drache)
Krampn	ungezogenes, bösartiges Kind (von Krampe = Spitzhacke?), gesteigert zu *Mistkrampn*
Nockn	unverschämtes, pampiges Kind, gesteigert zu *Schindernockn*
Schraaz	lästiges Kind (von Schraaz = koboldhaftes Wesen)

De Schraazn bringa mi no ins Grab!

Du host gor nix
zum vamoidn,
du junger Duttara!

Möchst di eppa
aufmanndln,
du Hosnbisla?

So a frecher
Kampel!

Eam schaug o,
den Lumpnstingl!

Mit dem Früchterl
moan i, nimmt's
koa guats End.

Gniabisla und Luada oder: Junges Gemüse

Auch in Bayern hat die reifere Generation allerlei am Verhalten der (mitunter) aufsässigen Halbwüchsigen zu bemängeln. Vor allem die jungen Burschen werden gern mit Schimpfworten zurechtgestutzt:

Briaderl sehr junger Bursche (kleiner Bruder), der etwas angestellt hat

Bürscherl junger Bursche, gesteigert zum

Zigarettnbürscherl junger Raucher mit frechen Manieren

Dutterer junger, unerfahrener Mann, der wichtig tut (aber noch nicht der Duttn = Mutterbrust entwöhnt ist)

Früchterl missratener, frecher Jugendlicher

Hosnbisla unreifer Kerl (der noch in die Hose pinkelt)

Gniabisla unreifer Kerl (der noch keinen kräftigen Urinstrahl produziert und deshalb beim Urinieren die eigenen Knie trifft)

Goaßbock junger dummer Mann, närrischer Bursche (Geißbock)

Wart nur, Bürscherl!

Hupfer, junger unreifer Bursch, der sich wichtig macht

Kampel Bursche, Geselle (von Kampe = Kämpfer)

Spreizer junger, unreifer Kerl

Stingl frecher junger Kerl, gesteigert zum *Lumpnstingl*

Wixa junger Bursche, Onanist (wixn = wichsen, masturbieren)

Servus, du Wixa!

Achtung: Junge Burschen/Männer begrüßen einander mit diesem Wort, um ihre Vertrautheit zu betonen. Das heißt aber nicht, dass sie den anderen tatsächlich für einen Wichser halten. (Manchmal führen sogar Buben im Grundschulalter das Wort im Mund, wobei man aber annehmen darf, dass sie gar nicht wissen, um was es eigentlich geht.)

Genauso läuft das beim

Zipfeklatscher junger Bursche, Onanist (eigentlich: Penisklopfer)

Für junge Frauen existiert übrigens nichts dergleichen. Zwar hört man in jüngerer Zeit auch in Bayern ab und an das englische »bitch« (Schlampe) als vertrauliche Begrüßung oder Anrede, aber unter Dialektsprecherinnen gibt es keine entsprechende Gepflogenheit. Sie werden nur von Erwachsenen despektierlich behandelt:

Bixn freches, raffiniertes Mädchen (von Büchse = Vulva)

Gwachs	freches Mädchen
Luada	gewitztes Mädchen (aber auch: niederträchtiger Mensch)
Matz	raffiniertes Mädchen (aber auch: unmoralische Weibsperson)
Pritschn	verschmitztes Mädchen (von Pritschn = Vulva; auch für liederliches Weibsbild)

A so a Matz, die Leni!

Die Jüngste is scho a rechte Bixn.

Hä, du oida Zipfeklatscher, dass ma di aa amoi wieda siehgt!

Saupreiß, chinesischer oder: Fremde Völker

Auch im Bairischen gibt es eine Reihe ursprünglich fremdenfeindlicher Schimpfwörter, in welchen die Bezeichnung für Angehörige eines anderen Volkes eine generell abwertende Bedeutung angenommen hat.
In den meisten Fällen sind das Fremde, mit denen man in irgendeiner Form zu tun hatte – sei es bei Kriegshandlungen (Kroaten, Türken, Preußen), die man vom »kleinen Grenzverkehr« her kannte (Slowaken, Slowenen, Tschechen, Polen) oder die schon in früheren Zeiten als Gastarbeiter in Bayern waren (Italiener).

Baraber	unzivilisierter, liederlicher Mann (ursprünglich: Straßenbauarbeiter aus Italien, der nur radebrechend deutsch spricht)
Böhmack	schlampiger, verkommener Kerl (Böhme, Tscheche)
Katzelmacher	abfällig für Italiener (ursprünglich Bezeichnung für italienische wandernde Kesselflicker und Handwerker, die »cazze« = hölzerne Gefäße, Löffel machten)

Krawott gerissener Bursche, Gauner (Kroate; sie stellten einen Großteil der gefürchteten Panduren, die im 18. Jahrhundert über Bayern hereinfielen)

Einen anderen Unterton hat das zugehörige Eigenschaftswort

Jetz pack ma's krawottisch!

krawottisch gewaltsam, heftig

Polack grober, unkultivierter Mensch (Pole)

Preiß Deutscher von jenseits der Mainlinie (Preuße), überspitzt für alle unangenehmen und besserwisserischen Menschen

Diese unterschwellige Antipathie gerade den Preußen gegenüber beruht wohl auf der alten Feindschaft zwischen beiden Volksgruppen, die in Kriegshandlungen ihren Ausdruck fand und schließlich in der Vormachtstellung Preußens im Deutschen Kaiserreich gipfelte.

Russ unkultivierter Mensch (Russ = Russe, übertragen auch für Russ = Schabe)

Schlawack durchtriebener Mensch (Slowake)

Schlawiner raffinierter Kerl, Betrüger (Slowene); aber auch scherzhaft, bewundernd gebraucht

A so a Schlawack, so a hinterkünftiger!

Türkl ungeschliffener, schwerfälliger Kerl (von den Türken, die während der Türkenkriege als Gefangene nach Bayern gebracht wurden)

Mitunter muss man aber in die Ferne schweifen. Dann hat der Fremde für eine gewisse Exotik herzuhalten:

Chines seltsamer Mensch, Sonderling
Kanack Ausländer (vom polynesischen »kanaka« = Mensch)

In jüngerer Zeit erst dazugekommen sind folgende Ausdrücke:

Fischkepf norddeutsche Küstenbewohner (Fischköpfe)

Wos is grea und stinkt nach Fisch?

I mog s' boit ned, d[…] Kanacken!

Wennst scho nix kaffst, na duast deine Pratzn weg vo meiner War, Saupreiß, chinesischer!

Mech[…] scho mi[…] der n[…]

Dieses Schimpfwort ist bei Anhängern bayerischer Fußballvereine besonders beliebt – für die Spieler und Fans beispielsweise von Werder Bremen (als Antwort auf den Schlachtenruf »Zieht den Bayern die Lederhosen aus«).

Muschlschubsa	Ostfriese (Muschelschubser)
Inselaff	Engländer (Inselaffe, also Bewohner der Britischen Inseln)
Kaaskepf	Niederländer (Käseköpfe)

Und als Antwort auf die in den tirolischen Skigebieten für deutsche Urlauber verwendete Beschimpfung »Moxikaner« (Mag sie keiner) wurde diese sprechende Neuschöpfung vorgeschlagen:

Schluchtenscheißer	in Anspielung auf die tirolische Berglandschaft

De Kaaskepf
enn unterwegs san,
na kimmst schier
immer nauf auf'n
Berg!

r aa
edn, der
toderer,
schmeckte!

Naa, i red bloß
Boarisch, du Inselaff,
du damischer!

Aber selbst Leute, die nur aus einer anderen Gegend in Bayern stammen, werden wegen ihrer Herkunft verunglimpft:

Houhou	weltfremder, rückständiger Mensch (eigentlich: Oberpfälzer; lautmalerisch die dialektalen Eigenheiten des Oberpfälzischen nachahmend)
Moosbummerl	sturer, dummer Mensch (wie ein Stier aus dem Moos)
Woidla	unzivilisierter Hinterwäldler (eigentlich: aus dem Bayerischen Wald stammend)

Und auch Städter und Landbewohner sind sich im Grunde fremd – und häufig nicht recht »grün«:

Bauernfünfer	derber, ungehobelter Mensch (eigentlich ein Ehrbegriff vom früheren Dorfgericht mit fünf Bauern als Geschworenen)
Stooderer	Stadtfrack (einer, der aufs Land kommt und alles besser zu wissen glaubt)

Bauernfünfer, gscherter!

Haderlump, vadruckta oder: Kleine Gauner

Selbst wenn man jemanden beschimpft, wird man ihn nicht gleich direkt einer Straftat wie des Betrugs oder des Diebstahls beschuldigen. Dafür gibt es im Dialekt Ausdrücke, die einen solchen Vorwurf ein wenig verbrämen:

Des san so Brüada!

- *Bazi* durchtriebener Kerl
- *Bruada* unzuverlässiger Mann
- *Brüada* anrüchige Leut
- *Haderlump* kleiner Lump (Verdoppelung, Hadern = Lumpen; Lump = Lumpen)
- *Hallodri* leichtsinniger Bursche, zu krummen Touren aufgelegter Mensch
- *Dachl* kleiner Dieb, Gauner (Dachel = Dohle)
- *Falott* Gauner, liederlicher Mensch
- *Strizzi* durchtriebener Mensch

So ein Mensch ist

- *durchgwichst* mit allen Wassern gewaschen
- *gwieft* durchtrieben
- *hoalous* gerissen, hinterhältig (haarlos)

Du Bazi, du vadächtiger!

hundsheitern ausgekocht, nicht zu belangen, schäbig, gemein (hundehäutig)

vadächti verdächtig

vadruckt unehrlich, listig

vareckt gerissen, mit allen Wassern gewaschen (auch anerkennend gebraucht)

windig charakterlos, unzuverlässig

Strizz windiga!

Und er versucht, sein Opfer zu

pflanzn täuschen

pratzln übers Ohr hauen

proin übertölpeln

tratzn auf den Arm nehmen

Wenn die Haderlumpen in Banden auftreten, dann zählen sie zum/zur

Bagasch Gesindel (vom französischen »bagage« = Gepäck; ob damit Leute gemeint sind, die ständig mit ihrem ganzen Gepäck unterwegs sind, also Fahrende?)

Gschmoaß zwielichtiges, widerliches Volk (vom mittelhochdeutschen »gesmeize« = Auswurf, Unrat)

Gschwerl Lumpenpack (vom mittelhochdeutschen »gsweher« = Schwägerschaft, angeheiratete Verwandtschaft, vielleicht eine

a radruckta Grattla,
der ghört zuabrunzt
und zuagschissn!

Den Haderlumpn,
den meineidign,
soi doch glei da Deifi hoin!

Wuist mi du
pratzln,
du Dachl,
du hoalousa?

Des Gschwerl wenn
i bloß oschaug!

Da Toni und
sei Bagasch,
de kenna ma
gstoin bleibn.

Anspielung auf die Beliebtheit derselben?)

Zu diesen missliebigen Sauhaufen gehören auch die

Grattler schäbige, minderwertige Leute, besitzlose Hungerleider (von kratto = Korb; früher boten die Hausierer ihre Waren im Tragkorb an)

Soichane Grattler konn i gor ned derleidn!

Des mach ma grichtsmassi, du Falott, du schlechter ...

Sekkiern und ofegn oder: Provokantes Gehabe

Allgemein sagt man dem bayerischen Volksstamm eher Behäbigkeit nach. Doch darauf sollte man sich nicht verlassen. Einmal auf die Palme gebracht, kommt der Bayer so schnell nicht mehr runter! Man nehme sich also in Acht, ihn zu reizen:

ogankerln	aufreizen, aufstacheln
ofegn	derb anreden, Streit suchen (anfegen)
ospitzn	provozierend anreden (anspitzen)

Als Belästigungen nonverbaler Art fasst er auf, wenn man ihn

inkommodiert	belästigen
schurigIt	schikaniert
sekkiert	quälend belästigt

Möchst mi du eppa schurigln?

Wenn man Glück hat, wird er zunächst versuchen, den lästigen Menschen zurechtzuweisen:

huastn	schroff zurechtweisen, tadeln
ofurzn	in heftigem Ton zurechtweisen (anfurzen)

Von dir
Lass i mi net ofegn,
du aufgstellter
Mausdreck, du!

*Spitz mi ned o,
du zwidan
Spinatwachtl!*

**Dem werd i
was huastn!**

Du machst mi
stoknarrisch mit deiner
ewigen Sekkiererei!

*Wenns d' so weidamachst
wern mia zwoa
sauba zammrucka!*

zammbürschtln	heftig ausschimpfen
zammraama	besonders drastisch ausschimpfen
zammrucka	aneinandergeraten
zammstaucha	unbarmherzig ausschimpfen

Sollte das alles nichts fruchten, wird's krawottisch – siehe das nachfolgende Kapitel.

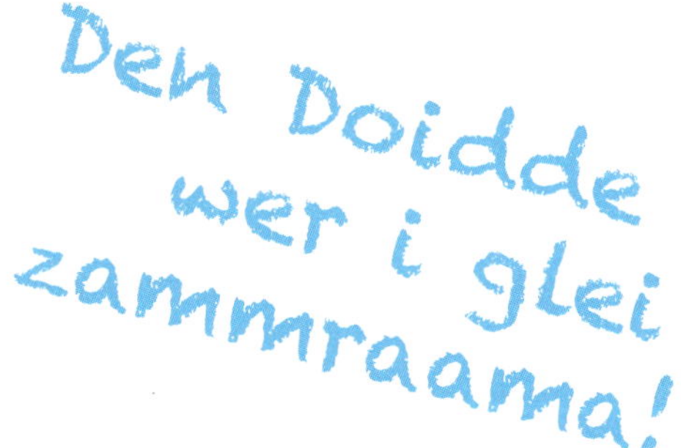

Du trau da
oder: Jetzt wird es ernst

Wird der Bayer lang genug belästigt – sei es durch Worte oder Taten – versucht er dieses Fehlverhalten des Plagegeistes durch die wohltarierte Steigerung von Drohungen abzustellen. Zunächst wird der Störenfried durch knappe Ausrufe auf sein Fehlverhalten hingewiesen. So lakonisch diese Äußerungen sind, man sollte sie unbedingt ernst nehmen:

Hää	Hallo, aber auch: Hör auf!
Hoi	Hoppla! Halt!
No	Ausruf des Unwillens
Sa	bedrohliche Note des Unwillens

Geht ihm der andere durch Geschwätz auf die Nerven, sucht der bayerische Mensch diese Belästigung mit folgenden Aufforderungen zu unterbinden:

Hoit dei/dein Fotzn, Brotladn, Goschn	Mund
Dreckschleidern	freches Mundwerk
Raffe	ordinäres Mundwerk
Schmoizrüassl	Mund, der wie mit Schmalz geschmiert läuft
Schnadern	geschwätziges Mundwerk

Sollte der Schwätzer oder Quälgeist selbst auf diese Ermahnung hin keine Ruhe geben, wird er zum Verschwinden aufgefordert:

Druck di! Verdrück dich!
Lass di hoamgeign! Hör auf mit dem Unsinn! (vom Brauch, die Brautleute mit Musikbegleitung von der Hochzeitsfeier nach Hause zu bringen)
Schleich di! Verschwinde!
Schwing di! Mach dich davon!
Vazupf di! Hau ab!

Und wenn der andere dann immer noch nicht abzieht, werden ihm körperliche Strafen angedroht. Obwohl dem Bayern eine gewisse Rauflust nachgesagt wird, bleibt es doch eher bei harmloseren Handgreiflichkeiten. Eingeleitet wird das mit

Glei fangst oane! Gleich fängst du dir eine ein!

Und mit »oane« gemeint ist ein(e)

Fotzn Ohrfeige
Bockfotzn besonders kräftige Ohrfeige
Dachel Schlag mit der flachen Hand auf den Hinterkopf
Duin Ohrfeige (von Duin = Delle)
Duscherer kräftige Ohrfeige
Hirnbatzl schmerzhaftes Fingerschnipsen auf die Stirn (Hirn = Stirn)

Magst a Fotzn, ha?

Mogst di ned boid schleicha, du gschroamaulata Hallodri?

Mogst Drisch ha

Du brauchst wo a paar Strixn

De Stooderer, de ham ma sauba durchlassen!

Glei foit da Watschnbaam um!

Du wenns d' so weidermachst, na fahr i dir oane hi!

Den kunnt i dadätschn!

Nuss, Kopfnuss	schmerzhafter Schlag mit dem Fingerknöchel auf den Kopf
Schoin	Ohrfeige (Schoin = Schelle, Maulschelle)
Tatzn	Schläge mit dem Rohrstock auf die Hand (auf die »Tatzn«), früher übliche Schulstrafe
Watschn	Ohrfeige
Wachl	Ohrfeige

Wenn das immer noch nicht ausreicht, den Opponenten in die Flucht zu schlagen oder zur Raison zu bringen, dann bezieht er möglicherweise

Drisch	Prügel
Strixn	Schläge
Überglegte	Schläge auf den Hintern des übers Knie Gelegten (eher für Kinder)
Wichs	Schläge auf den Hintern (ebenfalls eher für Kinder)

Dann will man ihn

aufmischen	verprügeln
dadengeln	kräftig schlagen
durchlassen	(gemeinsam) verprügeln
feuern	jemandem eine Ohrfeige verabreichen
fotzn, abfotzen, herfotzen	mit Fotzen traktieren
herbeitln	durchschütteln, verhauen
(oane) hifahrn	einem eine Ohrfeige versetzen

(oane) steckn jemanden ohrfeigen
wichsn verhauen
(oane) wischn jemandem eine Ohrfeige verabreichen
zammrucka aneinandergeraten

Ganz drastisch wird es, wenn mit dem Tod gedroht wird, zum Glück aber bleibt es meist beim verbalen »Säbelrasseln«. Da will man den anderen dann

abmurksen umbringen
abkrageln den Kragen umdrehen
dabaazn zu Baaz (= Brei) zerdrücken
dadätschn zerquetschen, kaputtdrücken
dagarben erdrosseln, erwürgen
dagurgln erdrosseln (Gurgl = Kehle)
damerren vernichten
himacha kaputt machen

Schleich di, sonst steck i dir oane!

I fahr da glei an d Gurgl!

Glump, vareckts oder: Vermaledeites Mistzeug

Besonders gern scheint man aufs Auto zu schimpfen, die meisten Leute fahren wohl auch täglich damit herum und umso mehr fällt es auf, wenn es nicht richtig funktioniert. Um seinem Ärger Luft zu machen, schimpft man auf die/den

Glumperte Schäsn, glumperte!

Schäsn	altes Auto (von Chaise = Pferdewagen)
Schinderkarrn	unzuverlässiges Auto

In jüngerer Zeit werden auch unsere elektronischen Hilfsmittel zum Ziel von Beschimpfungen. Es befreit ungemein, nennt man den störrischen Computer

Blechdepp	dummer Kerl aus Blech

Ist ein Werkzeug nicht besonders praktisch oder eine Arbeit nicht ordentlich ausgeführt, heißt man es/sie

glumpert	minderwertig, schadhaft
hoibschari	unzuverlässig, nicht solid, Besseres vortäuschend (übertragen: ackern mit nur halb eingeführter Pflugschar)
liadri	armselig, schlampig

nixig nichtig, nichtsnutzig, wertlos
oid alt, allgemein abwertend gebraucht
schundi minderwertig
vahonacklt verpatzt
vareckt verdammt (verreckt)
windig unzuverlässig, minderwertig

Jedes Werkzeug kann man mit

Dreckszeig schlechtes Zeug
Glump wertloses Zeug (Gelumpe)
Graffl Gerümpel, Krempel

beschimpfen. Oder man verwendet zusätzlich die Vorsilben »Bluats-«, »Malefiz-« oder »Scheiß-«, belie-

So an vahonackltn
Zaun hob i
ja no nia ned
gsegn!

Schmeiß doch des oide Graffl
endli aufn Misthaufa!

Himmiherrgott
Kruzifixhalleluj
amoasc

big für jedes Gerät, das partout nicht funktionieren will:

Malefizglump, Scheißglump untaugliches Gerät, schlechtes Arbeitsmaterial

Auf diese Weise kann man auch wunderbar auf die Trambahn schimpfen, die einen warten lässt; auf den Hammer, der (nie man selber!) einen auf den Daumen gehauen hat usw., usw.

Auch die Vorsilbe »Mist-« lässt sich trefflich für Drohworte verwenden, im Bairischen kommt sie besonders gerne für Tiere zur Anwendung – etwa solche, die nicht folgen wollen.

Wann s' nur endli kammat, de Bluatstrambahn!

Glei gehst her, du Mistviech, du vareckts akrament- ileckst- cheißglumprareckts!

Zäfix und Saxndi oder: Himmlische Flüche

Anrufung und Beschimpfung höherer Mächte sind in allen Religionen ein beliebtes Mittel, um seinem Zorn Luft zu machen. Auch in der christlichen Religion ist das so. Im bairischen Dialekt werden dafür die heiligen Grundworte »Himmel«, »Herrgott«, »Sakrament«, »Kreuz« und »Kruzifix« verwendet. Dabei werden die Flüche oft derart abgekürzt oder mit anderen (einen mehr oder weniger sinnlosen Zusammenhang herstellenden) Ausdrücken verbunden, dass das heilige Wort nicht mehr zu erkennen ist – ähnlich wie das bei »Schei…benkleister« der Fall ist. Der Himmel allein taucht in keinem bairischen Fluch auf, er wird immer mit »stärkeren« Worten zusammengesetzt:

Himmiherrgott	Himmel + Herrgott
Himmigreiz	Himmel + Kreuz(kruzifix)
Himmiarsch	Himmel + Arsch
Himmiarsch-undzwirn	Himmel + Arsch + Zwirn
Himmisternlaudon	Himmel + Stern + Laudon (= österreichischer Feldherr Freiher von Laudon); Ausruf der Verwunderung

Himmiherrgott-sakramentgreiz-kruzäfixhalleluja

Jedem gläubigen Christen ist es durch das siebte Gebot untersagt, den Namen Gottes unnötig zu gebrauchen (schon gar nicht im Fluch!), also wird das mit »Anhängseln« zu vertuschen versucht:

Herrgottsa	Herrgottsa(krament)
Herrgottnomoi	Herrgott + noch einmal
Herrgottnomoinei	Herrgott + noch einmal + sinnloses Anhängsel
Herrschaftsa	Herrschaft + Sa(krament), hier ist der Herrgott scheinheilig in einen belanglosen weltlichen Begriff übergegangen
Herrschaftseitn	Herrschaft + Sa(krament), dabei ist das Sakrament in das unverfängliche Seitn mutiert

Ein Fluchwort, in dem man den Herrgott gar nicht vermuten möchte, ist:

Sakradi, anndl di ned so auf!

Sakradi	vom französischen »sacre dieu«, hier wird der Herrgott im fremdsprachigen und daher schwer verständlichen Begriff versteckt

Auch der Ausruf »Lobet den Herrn« wird im Bairischen zum Fluch, allerdings wieder in der verkürzten Form, die nicht als blasphemisch angesehen wird:

Luja	(Halle)Luja

Luja, sog i!

Greizteifinomoinei,
so a Schindernockn
so a mistiga!

Bluatsakrament,
jetz is 's gfeit!

Zäfix, ham de
Mistkrampn
scho wieda an
Werkzeug vazogn?

Jessas,
jetz is
die Suppn
obrennt

Kruzifümferl,
so a bockboaniga Heiter

Herrschaftsa,
wia konn ma bloß
so bled sei?

Das heilige Sakrament muss ebenfalls durch eine abkürzende und verfremdende Aussprache verborgen werden:

Sakra	Sakra(ment); Ausruf des Unwillens
Saxndi, Sabbradi	Sa(krament) + sinnloses Anhängsel
Sacklzement	Sak(rament) + lze + (Sakra)ment, damit ist die totale Verfremdung erreicht, vor allem, weil sich eine neue Wortbedeutung auftut: Säckchen mit Zement

Durch die Zusammensetzung mit dem Tabu-Wort »Blut« wird die Steigerung zu einem besonders kräftigen Fluch erreicht:

Bluatsakrament	Blut + Sakrament
Bluatsau	Blut + Sa(krament)

Das Kreuz wird kaum verborgen, eine Abkürzung ist durch die Einsilbigkeit schließlich unmöglich. Dafür wird es mit Anhängseln verhüllt, die zum Teil andere heilige Worte sind, zum Teil Sinnloses.

Greizgruzäfix	Kreuz + Kruzifix
Greizsakrament	Kreuz + Sakrament
Greizhimmiherrgott	Kreuz + Himmel + Herrgott
Greizdeifi	Kreuz + Teufel, ein im Grund widersprüchlicher Fluch

Greizbirnbaum	Kreuz + Birnbaum, eine verhüllende, weil völlig sinnlose Zusammensetzung, gesteigert noch in
Greizbirnbaum-undhollerstaun	Kreuz + Birnbaum + und + Hollerstauden

Das Kruzifix, also den ans Kreuz gehefteten Jesus anzurufen, ist im Grund ein gotteslästerlicher Fluch. Trotzdem erfreut sich gerade dieser Fluch im christkatholischen Bayern besonderer Beliebtheit.

Zäfix	(Kru)Zifix, hier wird der Frevel durch die Abkürzung zumindest etwas verborgen; Ausruf des Unmuts
Kruziment	Kruzi(fix) + (Sakra)ment, hier führt die Zusammenziehung zu einer Abschwächung
Kruzifümferl	Kruzi(fix) + Fünferl, auch hier eine verhüllende Zusammensetzung mit einem unverfänglichen Allerweltswort; Ausruf des Unwillens
Kruzitürkn	Kruzi(fix) + Türken, der Fluch rührt von den Türkenkriegen her, eine widersinnige Kombination des christlichen Symbols mit Muslimen; Ausruf des Unmuts und Zorns
Kruzinäsn	Kruzi(fix) + ?, vielleicht (Chi)nesen?, eine ebenso sinnlose Kombination, wenn hier

	tatsächlich die den Lehren des Konfuzius anhängenden Chinesen Pate gestanden haben
Fixlaudon	(Kruzi)Fix + Laudon (hier wird wieder der österreichische Feldherr angerufen)

Auch die Heilige Familie muss für Flüche herhalten. Allerdings sind sie milder und eher Ausrufe des Erstaunens und Erschreckens, die bei kleineren Widrigkeiten verwendet werden:

Jessas	Jesus (Ausruf der erschreckten Verwunderung, des Unmuts)
Jessasnaa	Jesus + nein
Jessasmarandjosef	Jesus + Maria + Josef (Ausruf bei höchstem Erstaunen, bei einem Missgeschick)
Ui jeggerl	Ui + Jesus, der hier kaum noch zu erkennen ist

Ui jeggerl, da hob i mi sauber verto!

Bluat von der Katz,
hat's di am
Hirn aa no derwischt?

Mei, mach doc
ned so
a Gschieß!

Da vareck,
dass ma di aa amoi
wieda siehgt!

Jetz is's glei ganz gfeit,
da Karrn is beim Teif

O leck,
jetz ham s' mi
am Oasch …

Mi leckst! oder: Frustsprüche

Nicht nur »himmlische« Flüche gibt es, der Dialekt hält noch eine Reihe anderer Aussprüche bereit, die als Ventil dienen, um im Augenblick der Verärgerung Dampf abzulassen. Das sind zum einen die Blut-Flüche:

Bluat von der Gams	Blut von der Gämse; Ausruf des Unwillens
Bluat von der Katz	Blut von der Katze; Ausruf bei Verärgerung
Bluatige Hennerkröpf!	blutige Hühnerkröpfe; frustrierter Ausruf
Bluatiger Hennerdreck!	blutige Hühnerscheiße; Ausruf bei Ärger, Enttäuschung

Blut zählt zu den alten Tabuwörtern, einmal in der Bedeutung »Körpersaft«, aber auch im religiösen Sinn für »Blut Christi«. Aus diesem Grund stehen Fluch-Ausdrücke mit »Blut-« und »blutig« solchen mit »Scheiß-« (Körperausscheidung) einerseits und »Kreuz-« (Leidensort Christi) andrerseits nahe.

Manchmal will man auch ausdrücken, dass man mit einer Sache am Ende angekommen ist, dass man genug davon hat:

Jetz is's gfeit!	Jetzt ist es gefehlt! Ausruf bei schwerem Verlust, schlimmem Geschick
Aus is's!	Aus ist es! Ausruf der höchsten Verwunderung, gesteigert zu
Aus is's und gor is's!	Aus ist es und zu Ende ist es! Von dieser Angelegenheit will man nichts mehr wissen.

Obwohl man meinen möchte, dass eine Situation ganz schlimm ist, wenn sie gleich zum Verrecken führt, meint man im Bairischen mit einem entsprechenden Ausruf etwas ganz anderes:

Vareck!	Verrecke! Ausgedrückt werden damit aber Verwunderung, Verblüffung, ebenso
Da vareck!	Da verreckst du!
Vareck Kaffähaus!	Verrecke, Kaffeehaus!

Nicht direkt als Fluch, eher zur emotionalen Erleichterung, dient das oft und bei vielen Gelegenheiten anzuwendende

mei	Ausruf der Hilflosigkeit, Enttäuschung oder Verzagtheit (gekürzt aus: O mein Gott)

Ohne eigentliche Bedeutung, aber ob ihrer zweckdienlichen Kürze immer gerne eingesetzt werden:

hoi, oha, öha	Ausrufe des Erstaunens und der Verwunderung

Das überall beliebte Götz-Zitat wird im Bairischen ebenfalls oft angewendet; übertragen soll einen wohl die verzwickte und Ärger bereitende Situation am Arsch lecken:

Mi leckst!	Mich leckst (du am Arsch)!
O leck!	O leck (mich doch am Arsch)!

Mi leckst,
jetz hat da Riappe
de Katz dafahrn!

Vareck Kaffähaus,
a so a Urviech,
da Wast …

Öha,
schaug doch,
wo d' hilaffst,
du gwamperter
Duitstand!

Mei, schod,
jetz is's am End,
des Biache!

Verwendete Bücher

Reinhold Amann: Bayrisch-Österreichisches Schimpfwörterbuch. München 2005.

Martin Bolle, Markus Keller und Ono Mothwurf: Zefix! Das Buch zum Fluch. München [3]2016.

Norbert Göttler: Irxenschmoiz und Wedahex. Alte bairische Worte. Dachau 2014.

Norbert Göttler: Ohrwuzler und Zeiserlwagen. Alte bairische Worte. Zweiter Band. Dachau 2015.

Ludwig Merkle: Kleine bairische Wortkunde. In: Herbert Rosendorfer: Königlich bayerisches Sportbrevier. München 1988, S. 146–172.

Franz Ringseis: Ringseis' bayerisches Wörterbuch. Wortschatz, Worterklärung, Wortschreibung. Dachau [3]2009.

Ludwig Zehetner: Bairisches Deutsch. Lexikon der deutschen Sprache in Altbayern. Regensburg [4]2014.